OFÍCIO DA
IMACULADA CONCEIÇÃO

Coleção ESPIRITUALIDADE

- A espiritualidade do amor misericordioso segundo Madre Esperança de Jesus
  Pe. Cláudio Corpetti
- Cura-me, Senhor, e serei curado!
  Frei Luiz Turra
- Encontros com Maria
  Francisco Catão
- Enviai-nos o vosso Espírito: orações ao Espírito Santo
  Roseane Gomes Barbosa
- Lembrando nossos mortos: celebrações para velórios,
  7º dia e 30º dias, finados e outras datas
  Noemi Dariva
- Novena a Maria, Rainha dos Apóstolos
  Tarcila Tommasi
- Novena bíblica a São João Batista
  Walter Eduardo Lisboa
- Novena bíblica a São José
  Matthias Grenzer
- Novena da família
  Tarcila Tommasi
- Novena natalina
  Rosana Pulga
- Ofício da Imaculada Conceição
  Celina Helena Weschenfelder (Org.)
- Rezando com o apóstolo Paulo
  Maria Belém
- Tríduo de orações com o Apóstolo Paulo
  Maria Belém

Celina H. Weschenfelder (org.)

OFÍCIO DA
IMACULADA CONCEIÇÃO

Paulinas

9ª edição – 2010
13ª reimpressão – 2024

Textos bíblicos: *Bíblia Sagrada* – tradução da CNBB, 2001.

Cadastre-se e receba nossas informações
paulinas.com.br
Telemarketing e SAC: 0800-7010081

Paulinas
Rua Dona Inácia Uchoa, 62
04110-020 – São Paulo – SP (Brasil)
📞 (11) 2125-3500
✉ editora@paulinas.com.br

© Pia Sociedade Filhas de São Paulo – São Paulo, 2002

Introdução

Sabemos que a religiosidade popular foi sempre uma das características marcantes do povo brasileiro. O documento de Puebla assinala alguns elementos da piedade popular, colocando entre eles Maria que é venerada como Mãe Imaculada de Deus e dos homens e como Rainha do povo brasileiro.

O *Catecismo da Igreja Católica* também fala a esse respeito quando diz que, "ao longo dos séculos, a Igreja tomou consciência de que Maria, 'cumulada de graça' por Deus, foi redimida desde a concepção". É isso que confessa o dogma da Imaculada Conceição, proclamado em 1854 pelo Papa Pio IX:

> A beatíssima Virgem Maria, no primeiro instante de sua Conceição, por singular graça e privilégio de Deus onipotente, em vista dos méritos de Jesus Cristo, Salvador do gênero humano, foi preservada imune de toda mancha do pecado original.[1]

---

[1] Catecismo da Igreja Católica. 9. ed. São Paulo, Loyola, Vozes, Paulinas, Ave-Maria, Paulus, 1998, n. 491.

O Papa Paulo VI, ao encerrar o terceiro período do Concílio Vaticano II, também lembra a importância da devoção a Maria:

> (...) a devoção a Maria não está voltada para a pessoa de Maria, mas consiste em contar com ela para ir mais fácil e concretamente a Cristo, unindo-se, por seu intermédio, ao eterno Pai, com o vínculo do amor, no Espírito Santo.[2]

Que este *Ofício da Imaculada Conceição* seja para você e sua comunidade uma forte expressão de fé e confiança, e que ela continue nos levando a Cristo, que é o Caminho, a Verdade e a Vida.

Celina Helena

---

[2] Concílio Vaticano II: Mensagens, discursos e documentos. São Paulo, Paulinas, 1998, n. 315.

Ofício da Imaculada Conceição da Virgem Maria

Oração de abertura

Abri, Senhora, a minha boca para louvar o vosso santo nome; purificai o meu coração de todos os maus pensamentos, iluminai-me o entendimento, inflamai-me a vontade, para que eu possa rezar este vosso Ofício com atenção e devoção, e mereça ser ouvido(a) na presença de vosso Filho e alcançar a vossa santa bênção pelo amor do mesmo Jesus Cristo, com quem viveis e reinais para todo o sempre. Assim seja.

Deus vos salve, filha de Deus Pai!
Deus vos salve, mãe de Deus Filho!
Deus vos salve, esposa do Espírito Santo!
Deus vos salve, sacrário da Santíssima Trindade!

MATINAS
(em pé)

Agora, lábios meus
dizei e anunciai
os grandes louvores
da Virgem, Mãe de Deus.

Sede em meu favor,
Virgem soberana,
livrai-me do inimigo
com vosso valor.

Glória seja ao Pai,
ao Filho e ao Amor também,
que é um só Deus
em pessoas três,
agora e sempre
e sem fim. Amém.

Hino
(1º coro)

Deus vos salve,
Virgem, Senhora do mundo,
Rainha dos céus
e das virgens, Virgem.

(2º coro)

Estrela da manhã,
Deus vos salve,
cheia de graça divina,
formosa e louçã.

Dai pressa, Senhora,
em favor do mundo,
pois vos reconhece
como defensora.

Deus vos nomeou
desde a eternidade
para a mãe do Verbo
com o qual criou

Terra, mar e céus,
e vos escolheu,
quando Adão pecou,
por esposa de Deus.

Deus a escolheu
e, já muito antes,
em seu tabernáculo
morada lhe deu.

Ouvi, Mãe de Deus,
minha oração.
Toquem em vosso peito
os clamores meus.

Oração: Santa Maria, Rainha dos céus, Mãe de nosso Senhor Jesus Cristo, Senhora do mundo, que a nenhum pecador desamparais e nem desprezais, ponde, Senhora, em mim os olhos de vossa piedade e alcançai de vosso amado Filho o perdão de todos os meus pecados, para que eu, que agora venero com devoção vossa Imaculada Conceição, mereça na outra vida alcançar o prêmio da bem-aventurança, pelo merecimento de vosso bendito Filho Jesus Cristo, nosso Senhor, que com o Pai e o Espírito Santo vive e reina para sempre. Amém.

PRIMA

Sede em meu favor,
Virgem soberana,
livrai-me do inimigo
com vosso valor.

Glória seja ao Pai,
ao Filho e ao Amor também,
que é um só Deus
em pessoas três,
agora e sempre
e sem fim. Amém.

Hino
(1º coro)

Deus vos salve, mesa
para Deus ornada,
coluna sagrada,
de grande firmeza.

(2º coro)

Casa dedicada
a Deus sempiterno.
Sempre preservada,
Virgem, do pecado.

Antes que nascida
fostes, Virgem santa,
no ventre ditoso
de Ana concebida.

Sois mãe criadora
dos mortais viventes.
Sois dos santos porta,
dos anjos, Senhora.

Sois forte esquadrão
contra o inimigo.
Estrela de Jacó,
refúgio do cristão.

A Virgem criou
Deus, no Espírito Santo,
e todas as suas obras,
com ela as ornou.

Ouvi, Mãe de Deus,
minha oração.
Toquem em vosso peito
os clamores meus.

Oração: Santa Maria, Rainha dos céus, Mãe de nosso Senhor Jesus Cristo, Senhora do mundo, que a nenhum pecador desamparais e nem desprezais, ponde, Senhora, em mim os olhos de vossa piedade e alcançai de vosso amado Filho o perdão de todos os meus pecados, para que eu, que agora venero com devoção vossa Imaculada Conceição, mereça na outra vida alcançar o prêmio da bem-aventurança, pelo merecimento de vosso bendito Filho Jesus Cristo, nosso Senhor, que com o Pai e o Espírito Santo vive e reina para sempre. Amém.

TERÇA

Sede em meu favor,
Virgem soberana,
livrai-me do inimigo
com vosso valor.

Glória seja ao Pai,
ao Filho e ao Amor também,
que é um só Deus
em pessoas três,
agora e sempre
e sem fim. Amém.

Hino
(1º coro)

Deus vos salve, trono
do grão Salomão,
arca do concerto,
velo de Gedeão!

(2º coro)

Íris do céu clara,
sarça da visão,
favo de Sansão,
florescente vara;

a qual escolheu
para ser mãe sua,
e de vós nasceu
o Filho de Deus.

Assim vos livrou
da culpa original.
De nenhum pecado
há em vós sinal.

Vós que habitais
lá nas alturas
e tendes vosso trono
entre as nuvens puras.

Ouvi, Mãe de Deus,
minha oração.
Toquem em vosso peito
os clamores meus.

Oração: Santa Maria, Rainha dos céus, Mãe de nosso Senhor Jesus Cristo, Senhora do mundo, que a nenhum pecador desamparais e nem desprezais, ponde, Senhora, em mim os olhos de vossa piedade e alcançai de vosso amado Filho o perdão de todos os meus pecados, para que eu, que agora venero com devoção vossa Imaculada Conceição, mereça na outra vida alcançar o prêmio da bem-aventurança, pelo merecimento de vosso bendito Filho Jesus Cristo, nosso Senhor, que com o Pai e o Espírito Santo vive e reina para sempre. Amém.

SEXTA

Sede em meu favor,
Virgem soberana,
livrai-me do inimigo
com vosso valor.

Glória seja ao Pai,
ao Filho e ao Amor também,
que é um só Deus
em pessoas três,
agora e sempre
e sem fim. Amém.

Hino
(1º coro)

Deus vos salve, Virgem,
da Trindade templo,
alegria dos anjos,
da pureza exemplo.

(2º coro)

Que alegrais os tristes
com vossa clemência,
horto de deleites,
palma de paciência.

Sois terra bendita
e sacerdotal.
Sois da castidade
símbolo real.

Cidade do Altíssimo,
porta oriental.
Sois a mesma graça,
Virgem singular.

Qual lírio cheiroso
entre espinhas duras
tal sois vós, Senhora,
entre as criaturas.

Ouvi, Mãe de Deus,
minha oração.
Toquem em vosso peito
os clamores meus.

Oração: Santa Maria, Rainha dos céus, Mãe de nosso Senhor Jesus Cristo, Senhora do mundo, que a nenhum pecador desamparais e nem desprezais, ponde, Senhora, em mim os olhos de vossa piedade e alcançai de vosso amado Filho o perdão de todos os meus pecados, para que eu, que agora venero com devoção vossa Imaculada Conceição, mereça na outra vida alcançar o prêmio da bem-aventurança, pelo merecimento de vosso bendito Filho Jesus Cristo, nosso Senhor, que com o Pai e o Espírito Santo vive e reina para sempre. Amém.

NONA

Sede em meu favor,
Virgem soberana,
livrai-me do inimigo
com vosso valor.

Glória seja ao Pai,
ao Filho e ao Amor também,
que é um só Deus
em pessoas três,
agora e sempre
e sem fim. Amém.

Hino
(1º coro)

Deus vos salve, cidade
de torres guarnecida,
de Davi com armas
bem fortalecida.

(2º coro)

De suma caridade
sempre abrasada.
Do dragão a força
foi por vós prostrada.

Ó mulher tão forte!
Ó invicta Judite!
Que vós alentastes
o sumo Davi!

Do Egito o curador
de Raquel nasceu,
do mundo o Salvador,
Maria no-lo deu.

Toda é formosa
minha companheira;
nela não há mácula
da culpa primeira.

Ouvi, Mãe de Deus,
minha oração.
Toquem em vosso peito
os clamores meus.

Oração: Santa Maria, Rainha dos céus, Mãe de nosso Senhor Jesus Cristo, Senhora do mundo, que a nenhum pecador desamparais e nem desprezais, ponde, Senhora, em mim os olhos de vossa piedade e alcançai de vosso amado Filho o perdão de todos os meus pecados, para que eu, que agora venero com devoção vossa Imaculada Conceição, mereça na outra vida alcançar o prêmio da bem-aventurança, pelo merecimento de vosso bendito Filho Jesus Cristo, nosso Senhor, que com o Pai e o Espírito Santo vive e reina para sempre. Amém.

VÉSPERAS

Sede em meu favor,
Virgem soberana,
livrai-me do inimigo
com vosso valor.

Glória seja ao Pai,
ao Filho e ao Amor também,
que é um só Deus
em pessoas três,
agora e sempre
e sem fim. Amém.

Hino

(1º coro)

Deus vos salve, relógio
que andando atrasado
serviu de sinal
ao Verbo encarnado.

(2º coro)

Para que o homem suba
às sumas alturas,
desce Deus do céu
para as criaturas.

Com raios claros
do Sol de Justiça
resplandece a Virgem
dando ao sol cobiça.

Sois lírio formoso,
que cheiro respira
entre os espinhos
da serpente a ira.

Vós a quebrantais
com vosso poder.
Os cegos errados
vós alumiais.

Fizestes nascer
Sol tão fecundo,
e como com nuvens
cobristes o mundo.

Ouvi, Mãe de Deus,
minha oração.
Toquem em vosso peito
os clamores meus.

Oração: Santa Maria, Rainha dos céus, Mãe de nosso Senhor Jesus Cristo, Senhora do mundo, que a nenhum pecador desamparais e nem desprezais, ponde, Senhora, em mim os olhos de vossa piedade e alcançai de vosso amado Filho o perdão de todos os meus pecados, para que eu, que agora venero com devoção vossa Imaculada Conceição, mereça na outra vida alcançar o prêmio da bem-aventurança, pelo merecimento de vosso bendito Filho Jesus Cristo, nosso Senhor, que com o Pai e o Espírito Santo vive e reina para sempre. Amém.

COMPLETAS

Rogai a Deus, vós,
Virgem, nos converta.
Que sua ira
aparte de nós.

Sede em meu favor,
Virgem soberana,
livrai-me do inimigo
com vosso valor.

Glória seja ao Pai,
ao Filho e ao Amor também,
que é um só Deus
em pessoas três,
agora e sempre
e sem fim. Amém.

Hino
(1º coro)

Deus vos salve, Virgem,
Mãe Imaculada,
rainha de clemência
de estrelas coroada.

(2º coro)

Vós sobre os anjos
sois purificada;
de Deus à mão direita
estais de ouro ornada.

Por vós, Mãe da graça,
mereçamos ver
a Deus nas alturas
com todo prazer.

Pois sois esperança
dos pobres errantes,
e seguro porto
dos navegantes.

Estrela do mar
e saúde certa,
e porta que estais
para o céu aberta.

É óleo derramado,
Virgem, vosso nome,
e os servos vossos
vos hão sempre amado.

Ouvi, Mãe de Deus,
minha oração.
Toquem em vosso peito
os clamores meus.

Oração: Santa Maria, Rainha dos céus, Mãe de nosso Senhor Jesus Cristo, Senhora do mundo, que a nenhum pecador desamparais e nem desprezais, ponde, Senhora, em mim os olhos de vossa piedade e alcançai de vosso amado Filho o perdão de todos os meus pecados, para que eu, que agora venero com devoção vossa Imaculada Conceição, mereça na outra vida alcançar o prêmio da bem-aventurança, pelo merecimento de vosso bendito Filho Jesus Cristo, nosso Senhor, que com o Pai e o Espírito Santo vive e reina para sempre. Amém.

OFERECIMENTO
(de joelhos)
(1º coro)

Humildes oferecemos
a vós, Virgem pia,
estas orações,
porque, em nossa guia,

(2º coro)

vades vós adiante
e, na agonia,
vós nos animeis,
ó doce Maria! Amém.

Oremos

Suplicantes vos rogamos, Senhor Deus, que concedais a vossos servos lograr perpétua saúde do corpo e da alma, e que, pela intercessão gloriosa da bem-aventurada sempre Virgem Maria, sejamos livres da presente tristeza e gozemos da eterna alegria por Cristo Nosso Senhor. Amém.

LADAINHA DE NOSSA SENHORA

Senhor, tende piedade de nós!
Senhor, tende piedade de nós!
Cristo, tende piedade de nós!
Cristo, tende piedade de nós!
Senhor, tende piedade de nós!
Senhor, tende piedade de nós!
Jesus Cristo, ouvi-nos!
Jesus Cristo, atendei-nos!
Deus, Pai dos céus, *tende piedade de nós!*
Deus Filho, Redentor do mundo, *tende piedade de nós!*
Deus Espírito Santo, *tende piedade de nós!*
Santíssima Trindade que sois um só Deus, *tende piedade de nós!*

Santa Maria,	*rogai por nós!*
Santa Mãe de Deus,	"
Santa Virgem das virgens,	"
Mãe de Jesus Cristo,	"
Mãe da divina graça,	"
Mãe puríssima,	"
Mãe castíssima,	"
Mãe imaculada,	"

Mãe intacta,	*rogai por nós!*
Mãe amável,	"
Mãe admirável,	"
Mãe do bom conselho,	"
Mãe do Criador,	"
Mãe do Salvador,	"
Mãe da Igreja,	"
Virgem prudentíssima,	"
Virgem venerável,	"
Virgem louvável,	"
Virgem poderosa,	"
Virgem clemente,	"
Virgem fiel,	"
Espelho de justiça,	"
Sede da sabedoria,	"
Causa de nossa alegria,	"
Vaso espiritual,	"
Vaso honorífico,	"
Vaso insigne de devoção,	"
Rosa mística,	"
Torre de Davi,	"
Torre de marfim,	"
Casa de ouro,	"
Arca da Aliança,	"
Porta do céu,	"

Estrela da manhã,	*rogai por nós!*
Saúde dos enfermos,	,,
Refúgio dos pecadores,	,,
Consoladora dos aflitos,	,,
Auxílio dos cristãos,	,,
Rainha dos anjos,	,,
Rainha dos patriarcas,	,,
Rainha dos profetas,	,,
Rainha dos apóstolos,	,,
Rainha dos mártires,	,,
Rainha dos confessores,	,,
Rainha das virgens,	,,
Rainha de todos os santos,	,,
Rainha concebida sem pecado original,	,,
Rainha assunta ao céu,	,,
Rainha do santo rosário,	,,
Rainha da paz,	,,

Cordeiro de Deus, que tirais o pecado do mundo,
perdoai-nos, Senhor!

Cordeiro de Deus, que tirais o pecado do mundo,
ouvi-nos, Senhor!

Cordeiro de Deus, que tirais o pecado do mundo,
tende piedade de nós!

Rogai por nós, Santa Mãe de Deus.

Para que sejamos dignos das promessas de Cristo.

Lembrai-vos

Lembrai-vos, ó piíssima Virgem Maria, que nunca se ouviu dizer que algum daqueles que recorreram à vossa proteção e imploraram o vosso socorro fosse por vós desamparado.

Animado, pois, com igual confiança, a vós, ó Virgem, entre todas a singular, como a Mãe recorro, de vós me valho, e gemendo sob o peso dos meus pecados, me prostro aos vossos pés. Não rejeiteis as minhas súplicas, ó mãe do Filho de Deus humanizado, mas dignai-vos de as ouvir propícia e de me alcançar o que vos peço. Amém.

São Bernardo

Rua Dona Inácia Uchoa, 62
04110-020 – São Paulo – SP (Brasil)
Tel.: (11) 2125-3500
paulinas.com.br – editora@paulinas.com.br
Telemarketing e SAC: 0800-7010081